Angelina Schulze

Lebensberatung für MICH

(Trage hier deinen Namen ein)

Deine einzigartigen Legungen / Antworten zur kleinen 9er Legung für Lenormand & Tarot

Bibliografische Information der Deutschen Nationalbibliothek

Die Deutsche Nationalbibliothek verzeichnet diese Publikation in der Deutschen Nationalbibliografie; detaillierte bibliografische Daten sind im Internet über http://dnb.d-nb.de abrufbar.

Autorin des Buches: © Angelina Schulze
kartenlegen@angelina-schulze.com

Layout und Satz des Buches: Angelina Schulze

Korrekturlesen: Claudia Sartre

Umschlaggestaltung und Bilder:
© Angelina Schulze
© Artdesign Osorio (Coverbild)
© Kartendeck auf dem Cover = Lenormandkarten Licht und Schatten

Verlag:
Angelina Schulze Verlag
Vor dem Walde 9
38268 Lengede

verlag@angelina-schulze.com
https://angelina-schulze.com
https://angelina-schulze-verlag.de

ISBN: 978-3-943729-94-8

Inhaltsverzeichnis

Einleitung **8**

BONUS: Kostenloses Coaching per E-Mail zum Kartenlegen lernen **7**

Extrabonus, wenn du noch mehr willst **9**

1. Legung am _______________ 10
   Meine Frage: 10

2. Legung am _______________ 12
   Meine Frage: 12

3. Legung am _______________ 14
   Meine Frage: 14

4. Legung am _______________ 16
   Meine Frage: 16

5. Legung am _______________ 18
   Meine Frage: 18

6. Legung am _______________ 20
   Meine Frage: 20

7. Legung am _______________ 22
   Meine Frage: 22

8. Legung am _______________ 24
   Meine Frage: 24

9. Legung am _______________ 26
   Meine Frage: 26

10. Legung am _______________ 28
    Meine Frage: 28

11. Legung am _______________ 30
    Meine Frage: 30

12. Legung am _____________ 32

    Meine Frage: 32

13. Legung am _____________ 34

    Meine Frage: 34

14. Legung am _____________ 36

    Meine Frage: 36

15. Legung am _____________ 38

    Meine Frage: 38

16. Legung am _____________ 40

    Meine Frage: 40

17. Legung am _____________ 42

    Meine Frage: 42

18. Legung am _____________ 44

    Meine Frage: 44

19. Legung am _____________ 46

    Meine Frage: 46

20. Legung am _____________ 48

    Meine Frage: 48

21. Legung am _____________ 50

    Meine Frage: 50

22. Legung am _____________ 52

    Meine Frage: 52

23. Legung am _____________ 54

    Meine Frage: 54

24. Legung am _____________ 56

    Meine Frage: 56

25. Legung am _____________ 58

    Meine Frage: 58

26. Legung am _______________ 60
  Meine Frage: 60

27. Legung am _______________ 62
  Meine Frage: 62

28. Legung am _______________ 64
  Meine Frage: 64

29. Legung am _______________ 66
  Meine Frage: 66

30. Legung am _______________ 68
  Meine Frage: 68

31. Legung am _______________ 70
  Meine Frage: 70

32. Legung am _______________ 72
  Meine Frage: 72

33. Legung am _______________ 74
  Meine Frage: 74

34. Legung am _______________ 76
  Meine Frage: 76

35. Legung am _______________ 78
  Meine Frage: 78

36. Legung am _______________ 80
  Meine Frage: 80

37. Legung am _______________ 82
  Meine Frage: 82

38. Legung am _______________ 84
  Meine Frage: 84

39. Legung am _______________ 86
  Meine Frage: 86

40. Legung am _______________ 88
    Meine Frage: 88

41. Legung am _______________ 90
    Meine Frage: 90

42. Legung am _______________ 92
    Meine Frage: 92

43. Legung am _______________ 94
    Meine Frage: 94

44. Legung am _______________ 96
    Meine Frage: 96

45. Legung am _______________ 98
    Meine Frage: 98

46. Legung am _______________ 100
    Meine Frage: 100

47. Legung am _______________ 102
    Meine Frage: 102

48. Legung am _______________ 104
    Meine Frage: 104

49. Legung am _______________ 106
    Meine Frage: 106

50. Legung am _______________ 108
    Meine Frage: 108

51. Legung am _______________ 110
    Meine Frage: 110

52. Legung am _______________ 112
    Meine Frage: 112

So wird die kleine 9er Legung ausgelegt und gedeutet 114

Wo habe ich dieses Legesystem entdeckt
bzw. wer hat es entwickelt? 114

Deutungstipps bzw. wichtig zu beachten 115

Meine Reihenfolge, wie ich mir die Karten in der Legung
anschaue und nach und nach deute... 119

Bei welchen Fragen kann man diese 9er Legung
mit der vertiefenden Deutung nutzen?....................................... 120

Deutungsbeispiel mit den Lenormandkarten 122

Deutungsbeispiel mit den Tarotkarten 125

BONUS: Kostenloses Coaching per E-Mail
zum Kartenlegen lernen

Zu einem **kostenlosen Coaching zum Kartenlegen lernen** habe ich ein **Starter-Paket** für dich zusammengestellt. Dort bekommst du ganz viele Tipps, Infos und Videos der Königsklasse zum Kartenlegen lernen und der Lenormand Deutung und das vollkommen **gratis** von mir.

Hier kannst du dich dafür anmelden:
https://www.lenormand-online24.de

Einleitung

Dies Notizbuch ist in 2 Teile gegliedert:

1. Du bekommst viele Seiten zum Ausfüllen deiner eigenen kleinen 9er Legung und Deutung dazu. So hast du stets all deine persönlichen Legungen übersichtlich beisammen und kannst das Buch wie eine Art Jahresbegleiter für dich nutzen. Das Format des Buches ist in etwa DIN A4, damit du genug Platz zum Deuten und Beantworten deiner Fragen hast. Schreibe oben das Datum hin, wann du die Legung gemacht hast und vermerke es auch gleich im Inhaltsverzeichnis, so findest du schnell deine Deutungen wieder, am besten auch noch deine Frage in Kurzform (Stichwort) im Inhaltsverzeichnis notieren. Du hast jeweils eine Doppelseite zum Deuten einer Frage. Die Grafik zur Legung soll dich an die Positionen und deren Deutungshinweise erinnern und dir auch noch den Platz lassen, damit du in die jeweiligen Kästchen deine Kartennummer oder den Namen der Karte notieren kannst. Es ist schöner, wenn man die Karten so noch mal zumindest als Wort in der Legung auf einen Blick sehen und Kombinationen oder Zusammenhänge besser erfassen kann.

2. Im hinteren Teil des Buches erwartet dich die Erklärung vom Legesystem und noch 2 Deutungsbeispiele von mir. Einmal für das Kartendeck Lenormand und das zweite Beispiel lege und deute ich mit den Tarotkarten. Du kannst das Legesystem aber auch mit anderen Kartendecks nutzen, falls du mit Kipper, Zigeuner oder anderen Orakelkarten arbeitest.

Das Legesystem selbst ist neutral und kann mit jedem Kartendeck ausgelegt werden, mit dem du deuten magst. Ich selbst lege am liebsten mit den Lenormandkarten und manchmal noch mit dem Tarot meine eigenen Legungen aus. Zwecks Aufbewahrung und als Nachschlagewerk meiner Gedanken und Deutungen, dachte ich mir, dass es schön wäre, wenn ich ein gesammeltes Werk davon habe, am besten in Buchform, damit die losen Zettel hier nicht immer herumfliegen. Tja, gedacht und getan und mein Notizbuch wurde entworfen bzw. sogar mehrere, da ich die Legungen und meine Fragen dazu gern sortiert und übersichtlich habe. So entstanden meine Notizbücher, die ich nach Fragestellung und Art der Legung nun getrennt habe und immer im passenden Werk nachsehen oder die nächste neue Legung von mir notieren kann.

Hier liest und schreibst nun auch du in meinem ersten Notizbuch aus der Reihe „Lebensberatung für MICH".

Extrabonus, wenn du noch mehr willst

Ich habe sogar noch mehr für dich, wenn du dich gern von mir mit der **Lenormand Power** begleiten lassen möchtest.

Erst dachte ich, ich nenne es den E-Mail-Kurs für Fortgeschrittene, aber dann fiel mir ein, dass die Infos auch einem Beginner im Kartendeuten schon nützlich sind. Wieso also jemanden ausschließen? Nee, ihr seid alle herzlich willkommen, wenn ihr Lust auf mehr habt, Lust auf Übungen, Lust auf Spezialthemen, um einfach noch fitter im Deuten zu werden.

Lass uns die gemeinsame Reise starten bzw. fortsetzen. Ich bin bereit, die erste E-Mail ist schon so gut wie abgeschickt. Ich brauche nur noch deine Adresse, damit sie bei dir ankommt.

Hier geht es zur Webseite, um deine E-Mail-Adresse einzutragen:
https://www.lenormand-online24.de/reisestart-lenormand-power

1. Legung am _____________

Meine Frage:

____

____

____

____

1	2	3
Gedanken, Gefühle oder Wünsche	Gegenwart, Ist-Zustand	Ratschlag, das jetzt tun (positiv deuten)
4	**X**	**5**
Beim Fragethema im Gepäck, jedoch zu wenig beachten oder man sieht es nicht	Startkarte bzw. das kommt zum Fragethema helfend oder störend hinzu	Nahe Zukunft durch das eigene Handeln
6	**7**	**8**
Beim Fragethema im Gepäck, bringt man mit als Basis, Ereignis oder Einstellung	Nahe Zukunft durch Reaktionen von anderen, das kommt einem von außen entgegen	Ergebnis, das durch das eigene Handeln von Pos. 5 und durch die Reaktionen der anderen auf Pos. 7 als Endergebnis entsteht.

Meine Deutung:

____

____

____

____

____

____

____

____

____

2. Legung am _______________

Meine Frage:

____

____

____

____

____

1	2	3
Gedanken, Gefühle oder Wünsche	Gegenwart, Ist-Zustand	Ratschlag, das jetzt tun (positiv deuten)
4	**X**	**5**
Beim Fragethema im Gepäck, jedoch zu wenig beachten oder man sieht es nicht	Startkarte bzw. das kommt zum Fragethema helfend oder störend hinzu	Nahe Zukunft durch das eigene Handeln
6	**7**	**8**
Beim Fragethema im Gepäck, bringt man mit als Basis, Ereignis oder Einstellung	Nahe Zukunft durch Reaktionen von anderen, das kommt einem von außen entgegen	Ergebnis, das durch das eigene Handeln von Pos. 5 und durch die Reaktionen der anderen auf Pos. 7 als Endergebnis entsteht.

Meine Deutung:

____

____

____

____

____

____

____

____

____

____

3. Legung am ______________

Meine Frage:

____

____

____

____

____

1	2	3
Gedanken, Gefühle oder Wünsche	Gegenwart, Ist-Zustand	Ratschlag, das jetzt tun (positiv deuten)
4	**X**	**5**
Beim Fragethema im Gepäck, jedoch zu wenig beachten oder man sieht es nicht	Startkarte bzw. das kommt zum Fragethema helfend oder störend hinzu	Nahe Zukunft durch das eigene Handeln
6	**7**	**8**
Beim Fragethema im Gepäck, bringt man mit als Basis, Ereignis oder Einstellung	Nahe Zukunft durch Reaktionen von anderen, das kommt einem von außen entgegen	Ergebnis, das durch das eigene Handeln von Pos. 5 und durch die Reaktionen der anderen auf Pos. 7 als Endergebnis entsteht.

Meine Deutung:

____

____

____

____

____

____

____

____

____

____

4. Legung am _______________

Meine Frage:

____

____

____

____

1	2	3
Gedanken, Gefühle oder Wünsche	Gegenwart, Ist-Zustand	Ratschlag, das jetzt tun (positiv deuten)
4	**X**	**5**
Beim Fragethema im Gepäck, jedoch zu wenig beachten oder man sieht es nicht	Startkarte bzw. das kommt zum Fragethema helfend oder störend hinzu	Nahe Zukunft durch das eigene Handeln
6	**7**	**8**
Beim Fragethema im Gepäck, bringt man mit als Basis, Ereignis oder Einstellung	Nahe Zukunft durch Reaktionen von anderen, das kommt einem von außen entgegen	Ergebnis, das durch das eigene Handeln von Pos. 5 und durch die Reaktionen der anderen auf Pos. 7 als Endergebnis entsteht.

Meine Deutung:

5. Legung am _______________

Meine Frage:

____

____

____

____

1	2	3
Gedanken, Gefühle oder Wünsche	Gegenwart, Ist-Zustand	Ratschlag, das jetzt tun (positiv deuten)
4	**X**	**5**
Beim Fragethema im Gepäck, jedoch zu wenig beachten oder man sieht es nicht	Startkarte bzw. das kommt zum Fragethema helfend oder störend hinzu	Nahe Zukunft durch das eigene Handeln
6	**7**	**8**
Beim Fragethema im Gepäck, bringt man mit als Basis, Ereignis oder Einstellung	Nahe Zukunft durch Reaktionen von anderen, das kommt einem von außen entgegen	Ergebnis, das durch das eigene Handeln von Pos. 5 und durch die Reaktionen der anderen auf Pos. 7 als Endergebnis entsteht.

Meine Deutung:

____

____

____

____

____

____

____

____

____

____

6. Legung am _______________

Meine Frage:

____

____

____

____

1	2	3
Gedanken, Gefühle oder Wünsche	Gegenwart, Ist-Zustand	Ratschlag, das jetzt tun (positiv deuten)
4	**X**	**5**
Beim Fragethema im Gepäck, jedoch zu wenig beachten oder man sieht es nicht	Startkarte bzw. das kommt zum Fragethema helfend oder störend hinzu	Nahe Zukunft durch das eigene Handeln
6	**7**	**8**
Beim Fragethema im Gepäck, bringt man mit als Basis, Ereignis oder Einstellung	Nahe Zukunft durch Reaktionen von anderen, das kommt einem von außen entgegen	Ergebnis, das durch das eigene Handeln von Pos. 5 und durch die Reaktionen der anderen auf Pos. 7 als Endergebnis entsteht.

Meine Deutung:

7. Legung am _______________

Meine Frage:

____

____

____

____

____

1	2	3
Gedanken, Gefühle oder Wünsche	Gegenwart, Ist-Zustand	Ratschlag, das jetzt tun (positiv deuten)
4	**X**	**5**
Beim Fragethema im Gepäck, jedoch zu wenig beachten oder man sieht es nicht	Startkarte bzw. das kommt zum Fragethema helfend oder störend hinzu	Nahe Zukunft durch das eigene Handeln
6	**7**	**8**
Beim Fragethema im Gepäck, bringt man mit als Basis, Ereignis oder Einstellung	Nahe Zukunft durch Reaktionen von anderen, das kommt einem von außen entgegen	Ergebnis, das durch das eigene Handeln von Pos. 5 und durch die Reaktionen der anderen auf Pos. 7 als Endergebnis entsteht.

Meine Deutung:

8. Legung am _______________

Meine Frage:

____

____

____

____

1	2	3
Gedanken, Gefühle oder Wünsche	Gegenwart, Ist-Zustand	Ratschlag, das jetzt tun (positiv deuten)
4	**X**	**5**
Beim Fragethema im Gepäck, jedoch zu wenig beachten oder man sieht es nicht	Startkarte bzw. das kommt zum Fragethema helfend oder störend hinzu	Nahe Zukunft durch das eigene Handeln
6	**7**	**8**
Beim Fragethema im Gepäck, bringt man mit als Basis, Ereignis oder Einstellung	Nahe Zukunft durch Reaktionen von anderen, das kommt einem von außen entgegen	Ergebnis, das durch das eigene Handeln von Pos. 5 und durch die Reaktionen der anderen auf Pos. 7 als Endergebnis entsteht.

Meine Deutung:

____

____

____

____

____

____

____

____

____

____

____

9. Legung am _______________

Meine Frage:

____

____

____

____

1	2	3
Gedanken, Gefühle oder Wünsche	Gegenwart, Ist-Zustand	Ratschlag, das jetzt tun (positiv deuten)
4	**X**	**5**
Beim Fragethema im Gepäck, jedoch zu wenig beachten oder man sieht es nicht	Startkarte bzw. das kommt zum Fragethema helfend oder störend hinzu	Nahe Zukunft durch das eigene Handeln
6	**7**	**8**
Beim Fragethema im Gepäck, bringt man mit als Basis, Ereignis oder Einstellung	Nahe Zukunft durch Reaktionen von anderen, das kommt einem von außen entgegen	Ergebnis, das durch das eigene Handeln von Pos. 5 und durch die Reaktionen der anderen auf Pos. 7 als Endergebnis entsteht.

Meine Deutung:

____

____

____

____

____

____

____

____

____

____

10. Legung am _______________

Meine Frage:

____

____

____

____

____

1	2	3
Gedanken, Gefühle oder Wünsche	Gegenwart, Ist-Zustand	Ratschlag, das jetzt tun (positiv deuten)
4	**X**	**5**
Beim Fragethema im Gepäck, jedoch zu wenig beachten oder man sieht es nicht	Startkarte bzw. das kommt zum Fragethema helfend oder störend hinzu	Nahe Zukunft durch das eigene Handeln
6	**7**	**8**
Beim Fragethema im Gepäck, bringt man mit als Basis, Ereignis oder Einstellung	Nahe Zukunft durch Reaktionen von anderen, das kommt einem von außen entgegen	Ergebnis, das durch das eigene Handeln von Pos. 5 und durch die Reaktionen der anderen auf Pos. 7 als Endergebnis entsteht.

Meine Deutung: ____

____

____

____

____

____

____

____

____

____

____

11. Legung am _______________

Meine Frage:

____

____

____

____

1	2	3
Gedanken, Gefühle oder Wünsche	Gegenwart, Ist-Zustand	Ratschlag, das jetzt tun (positiv deuten)
4	**X**	**5**
Beim Fragethema im Gepäck, jedoch zu wenig beachten oder man sieht es nicht	Startkarte bzw. das kommt zum Fragethema helfend oder störend hinzu	Nahe Zukunft durch das eigene Handeln
6	**7**	**8**
Beim Fragethema im Gepäck, bringt man mit als Basis, Ereignis oder Einstellung	Nahe Zukunft durch Reaktionen von anderen, das kommt einem von außen entgegen	Ergebnis, das durch das eigene Handeln von Pos. 5 und durch die Reaktionen der anderen auf Pos. 7 als Endergebnis entsteht.

Meine Deutung:

____

____

____

____

____

____

____

____

____

____

____

12. Legung am _______________

Meine Frage:

____

____

____

____

____

1	2	3
Gedanken, Gefühle oder Wünsche	Gegenwart, Ist-Zustand	Ratschlag, das jetzt tun (positiv deuten)
4	**X**	**5**
Beim Fragethema im Gepäck, jedoch zu wenig beachten oder man sieht es nicht	Startkarte bzw. das kommt zum Fragethema helfend oder störend hinzu	Nahe Zukunft durch das eigene Handeln
6	**7**	**8**
Beim Fragethema im Gepäck, bringt man mit als Basis, Ereignis oder Einstellung	Nahe Zukunft durch Reaktionen von anderen, das kommt einem von außen entgegen	Ergebnis, das durch das eigene Handeln von Pos. 5 und durch die Reaktionen der anderen auf Pos. 7 als Endergebnis entsteht.

Meine Deutung:

____

____

____

____

____

____

____

____

____

____

13. Legung am ______________

Meine Frage:

____

____

____

____

____

1	2	3
Gedanken, Gefühle oder Wünsche	Gegenwart, Ist-Zustand	Ratschlag, das jetzt tun (positiv deuten)
4	**X**	**5**
Beim Fragethema im Gepäck, jedoch zu wenig beachten oder man sieht es nicht	Startkarte bzw. das kommt zum Fragethema helfend oder störend hinzu	Nahe Zukunft durch das eigene Handeln
6	**7**	**8**
Beim Fragethema im Gepäck, bringt man mit als Basis, Ereignis oder Einstellung	Nahe Zukunft durch Reaktionen von anderen, das kommt einem von außen entgegen	Ergebnis, das durch das eigene Handeln von Pos. 5 und durch die Reaktionen der anderen auf Pos. 7 als Endergebnis entsteht.

Meine Deutung:

14. Legung am _______________

Meine Frage:

____

____

____

____

____

1	2	3
Gedanken, Gefühle oder Wünsche	Gegenwart, Ist-Zustand	Ratschlag, das jetzt tun (positiv deuten)
4	**X**	**5**
Beim Fragethema im Gepäck, jedoch zu wenig beachten oder man sieht es nicht	Startkarte bzw. das kommt zum Fragethema helfend oder störend hinzu	Nahe Zukunft durch das eigene Handeln
6	**7**	**8**
Beim Fragethema im Gepäck, bringt man mit als Basis, Ereignis oder Einstellung	Nahe Zukunft durch Reaktionen von anderen, das kommt einem von außen entgegen	Ergebnis, das durch das eigene Handeln von Pos. 5 und durch die Reaktionen der anderen auf Pos. 7 als Endergebnis entsteht.

Meine Deutung:

____

____

____

____

____

____

____

____

____

____

15. Legung am _______________

Meine Frage:

____

____

____

____

____

1	2	3
Gedanken, Gefühle oder Wünsche	Gegenwart, Ist-Zustand	Ratschlag, das jetzt tun (positiv deuten)
4	**X**	**5**
Beim Fragethema im Gepäck, jedoch zu wenig beachten oder man sieht es nicht	Startkarte bzw. das kommt zum Fragethema helfend oder störend hinzu	Nahe Zukunft durch das eigene Handeln
6	**7**	**8**
Beim Fragethema im Gepäck, bringt man mit als Basis, Ereignis oder Einstellung	Nahe Zukunft durch Reaktionen von anderen, das kommt einem von außen entgegen	Ergebnis, das durch das eigene Handeln von Pos. 5 und durch die Reaktionen der anderen auf Pos. 7 als Endergebnis entsteht.

Meine Deutung:

____

____

____

____

____

____

____

____

____

____

____

16. Legung am _______________

Meine Frage:

____

____

____

____

____

1	2	3
Gedanken, Gefühle oder Wünsche	Gegenwart, Ist-Zustand	Ratschlag, das jetzt tun (positiv deuten)
4	**X**	**5**
Beim Fragethema im Gepäck, jedoch zu wenig beachten oder man sieht es nicht	Startkarte bzw. das kommt zum Fragethema helfend oder störend hinzu	Nahe Zukunft durch das eigene Handeln
6	**7**	**8**
Beim Fragethema im Gepäck, bringt man mit als Basis, Ereignis oder Einstellung	Nahe Zukunft durch Reaktionen von anderen, das kommt einem von außen entgegen	Ergebnis, das durch das eigene Handeln von Pos. 5 und durch die Reaktionen der anderen auf Pos. 7 als Endergebnis entsteht.

Meine Deutung:

17. Legung am _______________

Meine Frage:

____

____

____

____

____

1	2	3
Gedanken, Gefühle oder Wünsche	Gegenwart, Ist-Zustand	Ratschlag, das jetzt tun (positiv deuten)
4	**X**	**5**
Beim Fragethema im Gepäck, jedoch zu wenig beachten oder man sieht es nicht	Startkarte bzw. das kommt zum Fragethema helfend oder störend hinzu	Nahe Zukunft durch das eigene Handeln
6	**7**	**8**
Beim Fragethema im Gepäck, bringt man mit als Basis, Ereignis oder Einstellung	Nahe Zukunft durch Reaktionen von anderen, das kommt einem von außen entgegen	Ergebnis, das durch das eigene Handeln von Pos. 5 und durch die Reaktionen der anderen auf Pos. 7 als Endergebnis entsteht.

Meine Deutung:

18. Legung am _______________

Meine Frage:

____

____

____

____

____

1	2	3
Gedanken, Gefühle oder Wünsche	Gegenwart, Ist-Zustand	Ratschlag, das jetzt tun (positiv deuten)
4	**X**	**5**
Beim Fragethema im Gepäck, jedoch zu wenig beachten oder man sieht es nicht	Startkarte bzw. das kommt zum Fragethema helfend oder störend hinzu	Nahe Zukunft durch das eigene Handeln
6	**7**	**8**
Beim Fragethema im Gepäck, bringt man mit als Basis, Ereignis oder Einstellung	Nahe Zukunft durch Reaktionen von anderen, das kommt einem von außen entgegen	Ergebnis, das durch das eigene Handeln von Pos. 5 und durch die Reaktionen der anderen auf Pos. 7 als Endergebnis entsteht.

Meine Deutung:

19. Legung am _______________

Meine Frage:

____

____

____

____

____

1	2	3
Gedanken, Gefühle oder Wünsche	Gegenwart, Ist-Zustand	Ratschlag, das jetzt tun (positiv deuten)
4	**X**	**5**
Beim Fragethema im Gepäck, jedoch zu wenig beachten oder man sieht es nicht	Startkarte bzw. das kommt zum Fragethema helfend oder störend hinzu	Nahe Zukunft durch das eigene Handeln
6	**7**	**8**
Beim Fragethema im Gepäck, bringt man mit als Basis, Ereignis oder Einstellung	Nahe Zukunft durch Reaktionen von anderen, das kommt einem von außen entgegen	Ergebnis, das durch das eigene Handeln von Pos. 5 und durch die Reaktionen der anderen auf Pos. 7 als Endergebnis entsteht.

Meine Deutung:

____

____

____

____

____

____

____

____

____

____

20. Legung am _______________

Meine Frage:

____

____

____

____

1	2	3
Gedanken, Gefühle oder Wünsche	Gegenwart, Ist-Zustand	Ratschlag, das jetzt tun (positiv deuten)
4	**X**	**5**
Beim Fragethema im Gepäck, jedoch zu wenig beachten oder man sieht es nicht	Startkarte bzw. das kommt zum Fragethema helfend oder störend hinzu	Nahe Zukunft durch das eigene Handeln
6	**7**	**8**
Beim Fragethema im Gepäck, bringt man mit als Basis, Ereignis oder Einstellung	Nahe Zukunft durch Reaktionen von anderen, das kommt einem von außen entgegen	Ergebnis, das durch das eigene Handeln von Pos. 5 und durch die Reaktionen der anderen auf Pos. 7 als Endergebnis entsteht.

Meine Deutung:

21. Legung am _______________

Meine Frage:

____

____

____

____

1	2	3
Gedanken, Gefühle oder Wünsche	Gegenwart, Ist-Zustand	Ratschlag, das jetzt tun (positiv deuten)
4	**X**	**5**
Beim Fragethema im Gepäck, jedoch zu wenig beachten oder man sieht es nicht	Startkarte bzw. das kommt zum Fragethema helfend oder störend hinzu	Nahe Zukunft durch das eigene Handeln
6	**7**	**8**
Beim Fragethema im Gepäck, bringt man mit als Basis, Ereignis oder Einstellung	Nahe Zukunft durch Reaktionen von anderen, das kommt einem von außen entgegen	Ergebnis, das durch das eigene Handeln von Pos. 5 und durch die Reaktionen der anderen auf Pos. 7 als Endergebnis entsteht.

Meine Deutung:

____

____

____

____

____

____

____

____

____

____

22. Legung am ________________

Meine Frage:

____

____

____

____

____

1	2	3
Gedanken, Gefühle oder Wünsche	Gegenwart, Ist-Zustand	Ratschlag, das jetzt tun (positiv deuten)
4	**X**	**5**
Beim Fragethema im Gepäck, jedoch zu wenig beachten oder man sieht es nicht	Startkarte bzw. das kommt zum Fragethema helfend oder störend hinzu	Nahe Zukunft durch das eigene Handeln
6	**7**	**8**
Beim Fragethema im Gepäck, bringt man mit als Basis, Ereignis oder Einstellung	Nahe Zukunft durch Reaktionen von anderen, das kommt einem von außen entgegen	Ergebnis, das durch das eigene Handeln von Pos. 5 und durch die Reaktionen der anderen auf Pos. 7 als Endergebnis entsteht.

Meine Deutung:

23. Legung am _______________

Meine Frage:

____

____

____

____

____

1	2	3
Gedanken, Gefühle oder Wünsche	Gegenwart, Ist-Zustand	Ratschlag, das jetzt tun (positiv deuten)
4	**X**	**5**
Beim Fragethema im Gepäck, jedoch zu wenig beachten oder man sieht es nicht	Startkarte bzw. das kommt zum Fragethema helfend oder störend hinzu	Nahe Zukunft durch das eigene Handeln
6	**7**	**8**
Beim Fragethema im Gepäck, bringt man mit als Basis, Ereignis oder Einstellung	Nahe Zukunft durch Reaktionen von anderen, das kommt einem von außen entgegen	Ergebnis, das durch das eigene Handeln von Pos. 5 und durch die Reaktionen der anderen auf Pos. 7 als Endergebnis entsteht.

Meine Deutung:

____

____

____

____

____

____

____

____

____

____

____

24. Legung am _______________

Meine Frage:

____

____

____

____

____

1	2	3
Gedanken, Gefühle oder Wünsche	Gegenwart, Ist-Zustand	Ratschlag, das jetzt tun (positiv deuten)
4	**X**	**5**
Beim Fragethema im Gepäck, jedoch zu wenig beachten oder man sieht es nicht	Startkarte bzw. das kommt zum Fragethema helfend oder störend hinzu	Nahe Zukunft durch das eigene Handeln
6	**7**	**8**
Beim Fragethema im Gepäck, bringt man mit als Basis, Ereignis oder Einstellung	Nahe Zukunft durch Reaktionen von anderen, das kommt einem von außen entgegen	Ergebnis, das durch das eigene Handeln von Pos. 5 und durch die Reaktionen der anderen auf Pos. 7 als Endergebnis entsteht.

Meine Deutung:

____

____

____

____

____

____

____

____

____

____

25. Legung am _______________

Meine Frage:

____

____

____

____

1	2	3
Gedanken, Gefühle oder Wünsche	Gegenwart, Ist-Zustand	Ratschlag, das jetzt tun (positiv deuten)
4	**X**	**5**
Beim Fragethema im Gepäck, jedoch zu wenig beachten oder man sieht es nicht	Startkarte bzw. das kommt zum Fragethema helfend oder störend hinzu	Nahe Zukunft durch das eigene Handeln
6	**7**	**8**
Beim Fragethema im Gepäck, bringt man mit als Basis, Ereignis oder Einstellung	Nahe Zukunft durch Reaktionen von anderen, das kommt einem von außen entgegen	Ergebnis, das durch das eigene Handeln von Pos. 5 und durch die Reaktionen der anderen auf Pos. 7 als Endergebnis entsteht.

Meine Deutung:

____

____

____

____

____

____

____

____

____

26. Legung am ________________

Meine Frage:

____

____

____

____

1	2	3
Gedanken, Gefühle oder Wünsche	Gegenwart, Ist-Zustand	Ratschlag, das jetzt tun (positiv deuten)
4	**X**	**5**
Beim Fragethema im Gepäck, jedoch zu wenig beachten oder man sieht es nicht	Startkarte bzw. das kommt zum Fragethema helfend oder störend hinzu	Nahe Zukunft durch das eigene Handeln
6	**7**	**8**
Beim Fragethema im Gepäck, bringt man mit als Basis, Ereignis oder Einstellung	Nahe Zukunft durch Reaktionen von anderen, das kommt einem von außen entgegen	Ergebnis, das durch das eigene Handeln von Pos. 5 und durch die Reaktionen der anderen auf Pos. 7 als Endergebnis entsteht.

Meine Deutung:

____

____

____

____

____

____

____

____

____

27. Legung am _______________

Meine Frage:

____

____

____

____

1	2	3
Gedanken, Gefühle oder Wünsche	Gegenwart, Ist-Zustand	Ratschlag, das jetzt tun (positiv deuten)
4	**X**	**5**
Beim Fragethema im Gepäck, jedoch zu wenig beachten oder man sieht es nicht	Startkarte bzw. das kommt zum Fragethema helfend oder störend hinzu	Nahe Zukunft durch das eigene Handeln
6	**7**	**8**
Beim Fragethema im Gepäck, bringt man mit als Basis, Ereignis oder Einstellung	Nahe Zukunft durch Reaktionen von anderen, das kommt einem von außen entgegen	Ergebnis, das durch das eigene Handeln von Pos. 5 und durch die Reaktionen der anderen auf Pos. 7 als Endergebnis entsteht.

Meine Deutung:

____

____

____

____

____

____

____

____

____

____

28. Legung am _______________

Meine Frage:

____

____

____

____

1	2	3
Gedanken, Gefühle oder Wünsche	Gegenwart, Ist-Zustand	Ratschlag, das jetzt tun (positiv deuten)
4	**X**	**5**
Beim Fragethema im Gepäck, jedoch zu wenig beachten oder man sieht es nicht	Startkarte bzw. das kommt zum Fragethema helfend oder störend hinzu	Nahe Zukunft durch das eigene Handeln
6	**7**	**8**
Beim Fragethema im Gepäck, bringt man mit als Basis, Ereignis oder Einstellung	Nahe Zukunft durch Reaktionen von anderen, das kommt einem von außen entgegen	Ergebnis, das durch das eigene Handeln von Pos. 5 und durch die Reaktionen der anderen auf Pos. 7 als Endergebnis entsteht.

Meine Deutung:

____

____

____

____

____

____

____

____

____

____

29. Legung am _______________

Meine Frage:

____

____

____

____

____

1	2	3
Gedanken, Gefühle oder Wünsche	Gegenwart, Ist-Zustand	Ratschlag, das jetzt tun (positiv deuten)
4	**X**	**5**
Beim Fragethema im Gepäck, jedoch zu wenig beachten oder man sieht es nicht	Startkarte bzw. das kommt zum Fragethema helfend oder störend hinzu	Nahe Zukunft durch das eigene Handeln
6	**7**	**8**
Beim Fragethema im Gepäck, bringt man mit als Basis, Ereignis oder Einstellung	Nahe Zukunft durch Reaktionen von anderen, das kommt einem von außen entgegen	Ergebnis, das durch das eigene Handeln von Pos. 5 und durch die Reaktionen der anderen auf Pos. 7 als Endergebnis entsteht.

Meine Deutung: ______________________________________

____

____

____

____

____

____

____

____

____

____

30. Legung am ________________

Meine Frage:

____

____

____

____

1	2	3
Gedanken, Gefühle oder Wünsche	Gegenwart, Ist-Zustand	Ratschlag, das jetzt tun (positiv deuten)
4	**X**	**5**
Beim Fragethema im Gepäck, jedoch zu wenig beachten oder man sieht es nicht	Startkarte bzw. das kommt zum Fragethema helfend oder störend hinzu	Nahe Zukunft durch das eigene Handeln
6	**7**	**8**
Beim Fragethema im Gepäck, bringt man mit als Basis, Ereignis oder Einstellung	Nahe Zukunft durch Reaktionen von anderen, das kommt einem von außen entgegen	Ergebnis, das durch das eigene Handeln von Pos. 5 und durch die Reaktionen der anderen auf Pos. 7 als Endergebnis entsteht.

Meine Deutung: _______________________________________

____

____

____

____

____

____

____

____

____

____

31. Legung am _______________

Meine Frage:

____

____

____

____

1	2	3
Gedanken, Gefühle oder Wünsche	Gegenwart, Ist-Zustand	Ratschlag, das jetzt tun (positiv deuten)
4	**X**	**5**
Beim Fragethema im Gepäck, jedoch zu wenig beachten oder man sieht es nicht	Startkarte bzw. das kommt zum Fragethema helfend oder störend hinzu	Nahe Zukunft durch das eigene Handeln
6	**7**	**8**
Beim Fragethema im Gepäck, bringt man mit als Basis, Ereignis oder Einstellung	Nahe Zukunft durch Reaktionen von anderen, das kommt einem von außen entgegen	Ergebnis, das durch das eigene Handeln von Pos. 5 und durch die Reaktionen der anderen auf Pos. 7 als Endergebnis entsteht.

Meine Deutung:

____

____

____

____

____

____

____

____

____

____

____

32. Legung am _______________

Meine Frage:

____

____

____

____

1	2	3
Gedanken, Gefühle oder Wünsche	Gegenwart, Ist-Zustand	Ratschlag, das jetzt tun (positiv deuten)
4	**X**	**5**
Beim Fragethema im Gepäck, jedoch zu wenig beachten oder man sieht es nicht	Startkarte bzw. das kommt zum Fragethema helfend oder störend hinzu	Nahe Zukunft durch das eigene Handeln
6	**7**	**8**
Beim Fragethema im Gepäck, bringt man mit als Basis, Ereignis oder Einstellung	Nahe Zukunft durch Reaktionen von anderen, das kommt einem von außen entgegen	Ergebnis, das durch das eigene Handeln von Pos. 5 und durch die Reaktionen der anderen auf Pos. 7 als Endergebnis entsteht.

Meine Deutung:

____

____

____

____

____

____

____

____

____

____

33. Legung am ________________

Meine Frage:

____

____

____

____

1	2	3
Gedanken, Gefühle oder Wünsche	Gegenwart, Ist-Zustand	Ratschlag, das jetzt tun (positiv deuten)
4	**X**	**5**
Beim Fragethema im Gepäck, jedoch zu wenig beachten oder man sieht es nicht	Startkarte bzw. das kommt zum Fragethema helfend oder störend hinzu	Nahe Zukunft durch das eigene Handeln
6	**7**	**8**
Beim Fragethema im Gepäck, bringt man mit als Basis, Ereignis oder Einstellung	Nahe Zukunft durch Reaktionen von anderen, das kommt einem von außen entgegen	Ergebnis, das durch das eigene Handeln von Pos. 5 und durch die Reaktionen der anderen auf Pos. 7 als Endergebnis entsteht.

Meine Deutung:

____

____

____

____

____

____

____

____

____

34. Legung am ______________

Meine Frage:

____

____

____

____

1	2	3
Gedanken, Gefühle oder Wünsche	Gegenwart, Ist-Zustand	Ratschlag, das jetzt tun (positiv deuten)
4	X	5
Beim Fragethema im Gepäck, jedoch zu wenig beachten oder man sieht es nicht	Startkarte bzw. das kommt zum Fragethema helfend oder störend hinzu	Nahe Zukunft durch das eigene Handeln
6	7	8
Beim Fragethema im Gepäck, bringt man mit als Basis, Ereignis oder Einstellung	Nahe Zukunft durch Reaktionen von anderen, das kommt einem von außen entgegen	Ergebnis, das durch das eigene Handeln von Pos. 5 und durch die Reaktionen der anderen auf Pos. 7 als Endergebnis entsteht.

Meine Deutung:

____

____

____

____

____

____

____

____

____

____

35. Legung am ______________

Meine Frage:

____

____

____

____

____

1	2	3
Gedanken, Gefühle oder Wünsche	Gegenwart, Ist-Zustand	Ratschlag, das jetzt tun (positiv deuten)
4	**X**	**5**
Beim Fragethema im Gepäck, jedoch zu wenig beachten oder man sieht es nicht	Startkarte bzw. das kommt zum Fragethema helfend oder störend hinzu	Nahe Zukunft durch das eigene Handeln
6	**7**	**8**
Beim Fragethema im Gepäck, bringt man mit als Basis, Ereignis oder Einstellung	Nahe Zukunft durch Reaktionen von anderen, das kommt einem von außen entgegen	Ergebnis, das durch das eigene Handeln von Pos. 5 und durch die Reaktionen der anderen auf Pos. 7 als Endergebnis entsteht.

Meine Deutung:

36. Legung am __________

Meine Frage:

____

____

____

____

____

1 Gedanken, Gefühle oder Wünsche	2 Gegenwart, Ist-Zustand	3 Ratschlag, das jetzt tun (positiv deuten)
4 Beim Fragethema im Gepäck, jedoch zu wenig beachten oder man sieht es nicht	X Startkarte bzw. das kommt zum Fragethema helfend oder störend hinzu	5 Nahe Zukunft durch das eigene Handeln
6 Beim Fragethema im Gepäck, bringt man mit als Basis, Ereignis oder Einstellung	7 Nahe Zukunft durch Reaktionen von anderen, das kommt einem von außen entgegen	8 Ergebnis, das durch das eigene Handeln von Pos. 5 und durch die Reaktionen der anderen auf Pos. 7 als Endergebnis entsteht.

Meine Deutung:

____

____

____

____

____

____

____

____

____

____

37. Legung am _______________

Meine Frage:

____

____

____

____

1	2	3
Gedanken, Gefühle oder Wünsche	Gegenwart, Ist-Zustand	Ratschlag, das jetzt tun (positiv deuten)
4	**X**	**5**
Beim Fragethema im Gepäck, jedoch zu wenig beachten oder man sieht es nicht	Startkarte bzw. das kommt zum Fragethema helfend oder störend hinzu	Nahe Zukunft durch das eigene Handeln
6	**7**	**8**
Beim Fragethema im Gepäck, bringt man mit als Basis, Ereignis oder Einstellung	Nahe Zukunft durch Reaktionen von anderen, das kommt einem von außen entgegen	Ergebnis, das durch das eigene Handeln von Pos. 5 und durch die Reaktionen der anderen auf Pos. 7 als Endergebnis entsteht.

Meine Deutung:

____

____

____

____

____

____

____

____

____

____

38. Legung am _____________

Meine Frage:

____

____

____

____

____

1	2	3
Gedanken, Gefühle oder Wünsche	Gegenwart, Ist-Zustand	Ratschlag, das jetzt tun (positiv deuten)
4	**X**	**5**
Beim Fragethema im Gepäck, jedoch zu wenig beachten oder man sieht es nicht	Startkarte bzw. das kommt zum Fragethema helfend oder störend hinzu	Nahe Zukunft durch das eigene Handeln
6	**7**	**8**
Beim Fragethema im Gepäck, bringt man mit als Basis, Ereignis oder Einstellung	Nahe Zukunft durch Reaktionen von anderen, das kommt einem von außen entgegen	Ergebnis, das durch das eigene Handeln von Pos. 5 und durch die Reaktionen der anderen auf Pos. 7 als Endergebnis entsteht.

Meine Deutung:

____

____

____

____

____

____

____

____

____

____

39. Legung am _______________

Meine Frage:

____

____

____

____

1	2	3
Gedanken, Gefühle oder Wünsche	Gegenwart, Ist-Zustand	Ratschlag, das jetzt tun (positiv deuten)
4	**X**	**5**
Beim Fragethema im Gepäck, jedoch zu wenig beachten oder man sieht es nicht	Startkarte bzw. das kommt zum Fragethema helfend oder störend hinzu	Nahe Zukunft durch das eigene Handeln
6	**7**	**8**
Beim Fragethema im Gepäck, bringt man mit als Basis, Ereignis oder Einstellung	Nahe Zukunft durch Reaktionen von anderen, das kommt einem von außen entgegen	Ergebnis, das durch das eigene Handeln von Pos. 5 und durch die Reaktionen der anderen auf Pos. 7 als Endergebnis entsteht.

Meine Deutung:

____

____

____

____

____

____

____

____

____

____

____

____

40. Legung am _______________

Meine Frage:

____

____

____

____

____

1	2	3
Gedanken, Gefühle oder Wünsche	Gegenwart, Ist-Zustand	Ratschlag, das jetzt tun (positiv deuten)
4	**X**	**5**
Beim Fragethema im Gepäck, jedoch zu wenig beachten oder man sieht es nicht	Startkarte bzw. das kommt zum Fragethema helfend oder störend hinzu	Nahe Zukunft durch das eigene Handeln
6	**7**	**8**
Beim Fragethema im Gepäck, bringt man mit als Basis, Ereignis oder Einstellung	Nahe Zukunft durch Reaktionen von anderen, das kommt einem von außen entgegen	Ergebnis, das durch das eigene Handeln von Pos. 5 und durch die Reaktionen der anderen auf Pos. 7 als Endergebnis entsteht.

Meine Deutung: ____

____

____

____

____

____

____

____

____

____

41. Legung am _______________

Meine Frage:

____

____

____

____

1	2	3
Gedanken, Gefühle oder Wünsche	Gegenwart, Ist-Zustand	Ratschlag, das jetzt tun (positiv deuten)
4	**X**	**5**
Beim Fragethema im Gepäck, jedoch zu wenig beachten oder man sieht es nicht	Startkarte bzw. das kommt zum Fragethema helfend oder störend hinzu	Nahe Zukunft durch das eigene Handeln
6	**7**	**8**
Beim Fragethema im Gepäck, bringt man mit als Basis, Ereignis oder Einstellung	Nahe Zukunft durch Reaktionen von anderen, das kommt einem von außen entgegen	Ergebnis, das durch das eigene Handeln von Pos. 5 und durch die Reaktionen der anderen auf Pos. 7 als Endergebnis entsteht.

Meine Deutung:

____

____

____

____

____

____

____

____

____

____

42. Legung am ______________

Meine Frage:

____

____

____

____

____

1	2	3
Gedanken, Gefühle oder Wünsche	Gegenwart, Ist-Zustand	Ratschlag, das jetzt tun (positiv deuten)
4	**X**	**5**
Beim Fragethema im Gepäck, jedoch zu wenig beachten oder man sieht es nicht	Startkarte bzw. das kommt zum Fragethema helfend oder störend hinzu	Nahe Zukunft durch das eigene Handeln
6	**7**	**8**
Beim Fragethema im Gepäck, bringt man mit als Basis, Ereignis oder Einstellung	Nahe Zukunft durch Reaktionen von anderen, das kommt einem von außen entgegen	Ergebnis, das durch das eigene Handeln von Pos. 5 und durch die Reaktionen der anderen auf Pos. 7 als Endergebnis entsteht.

Meine Deutung:

43. Legung am _______________

Meine Frage:

____

____

____

____

____

1	2	3
Gedanken, Gefühle oder Wünsche	Gegenwart, Ist-Zustand	Ratschlag, das jetzt tun (positiv deuten)
4	**X**	**5**
Beim Fragethema im Gepäck, jedoch zu wenig beachten oder man sieht es nicht	Startkarte bzw. das kommt zum Fragethema helfend oder störend hinzu	Nahe Zukunft durch das eigene Handeln
6	**7**	**8**
Beim Fragethema im Gepäck, bringt man mit als Basis, Ereignis oder Einstellung	Nahe Zukunft durch Reaktionen von anderen, das kommt einem von außen entgegen	Ergebnis, das durch das eigene Handeln von Pos. 5 und durch die Reaktionen der anderen auf Pos. 7 als Endergebnis entsteht.

Meine Deutung:

____

____

____

____

____

____

____

____

____

____

____

44. Legung am _______________

Meine Frage:

____

____

____

____

____

1	2	3
Gedanken, Gefühle oder Wünsche	Gegenwart, Ist-Zustand	Ratschlag, das jetzt tun (positiv deuten)
4	**X**	**5**
Beim Fragethema im Gepäck, jedoch zu wenig beachten oder man sieht es nicht	Startkarte bzw. das kommt zum Fragethema helfend oder störend hinzu	Nahe Zukunft durch das eigene Handeln
6	**7**	**8**
Beim Fragethema im Gepäck, bringt man mit als Basis, Ereignis oder Einstellung	Nahe Zukunft durch Reaktionen von anderen, das kommt einem von außen entgegen	Ergebnis, das durch das eigene Handeln von Pos. 5 und durch die Reaktionen der anderen auf Pos. 7 als Endergebnis entsteht.

Meine Deutung:

____

____

____

____

____

____

____

____

____

____

45. Legung am _______________

Meine Frage:

____

____

____

____

____

1	2	3
Gedanken, Gefühle oder Wünsche	Gegenwart, Ist-Zustand	Ratschlag, das jetzt tun (positiv deuten)
4	**X**	**5**
Beim Fragethema im Gepäck, jedoch zu wenig beachten oder man sieht es nicht	Startkarte bzw. das kommt zum Fragethema helfend oder störend hinzu	Nahe Zukunft durch das eigene Handeln
6	**7**	**8**
Beim Fragethema im Gepäck, bringt man mit als Basis, Ereignis oder Einstellung	Nahe Zukunft durch Reaktionen von anderen, das kommt einem von außen entgegen	Ergebnis, das durch das eigene Handeln von Pos. 5 und durch die Reaktionen der anderen auf Pos. 7 als Endergebnis entsteht.

Meine Deutung:

46. Legung am ________________

Meine Frage:

____

____

____

____

1	2	3
Gedanken, Gefühle oder Wünsche	Gegenwart, Ist-Zustand	Ratschlag, das jetzt tun (positiv deuten)
4	**X**	**5**
Beim Fragethema im Gepäck, jedoch zu wenig beachten oder man sieht es nicht	Startkarte bzw. das kommt zum Fragethema helfend oder störend hinzu	Nahe Zukunft durch das eigene Handeln
6	**7**	**8**
Beim Fragethema im Gepäck, bringt man mit als Basis, Ereignis oder Einstellung	Nahe Zukunft durch Reaktionen von anderen, das kommt einem von außen entgegen	Ergebnis, das durch das eigene Handeln von Pos. 5 und durch die Reaktionen der anderen auf Pos. 7 als Endergebnis entsteht.

Meine Deutung:

47. Legung am ________________

Meine Frage:

____

____

____

____

____

1	2	3
Gedanken, Gefühle oder Wünsche	Gegenwart, Ist-Zustand	Ratschlag, das jetzt tun (positiv deuten)
4	**X**	**5**
Beim Fragethema im Gepäck, jedoch zu wenig beachten oder man sieht es nicht	Startkarte bzw. das kommt zum Fragethema helfend oder störend hinzu	Nahe Zukunft durch das eigene Handeln
6	**7**	**8**
Beim Fragethema im Gepäck, bringt man mit als Basis, Ereignis oder Einstellung	Nahe Zukunft durch Reaktionen von anderen, das kommt einem von außen entgegen	Ergebnis, das durch das eigene Handeln von Pos. 5 und durch die Reaktionen der anderen auf Pos. 7 als Endergebnis entsteht.

Meine Deutung:

____

____

____

____

____

____

____

____

____

____

____

48. Legung am _______________

Meine Frage:

____

____

____

____

____

1	2	3
Gedanken, Gefühle oder Wünsche	Gegenwart, Ist-Zustand	Ratschlag, das jetzt tun (positiv deuten)
4	**X**	**5**
Beim Fragethema im Gepäck, jedoch zu wenig beachten oder man sieht es nicht	Startkarte bzw. das kommt zum Fragethema helfend oder störend hinzu	Nahe Zukunft durch das eigene Handeln
6	**7**	**8**
Beim Fragethema im Gepäck, bringt man mit als Basis, Ereignis oder Einstellung	Nahe Zukunft durch Reaktionen von anderen, das kommt einem von außen entgegen	Ergebnis, das durch das eigene Handeln von Pos. 5 und durch die Reaktionen der anderen auf Pos. 7 als Endergebnis entsteht.

Meine Deutung:

____

____

____

____

____

____

____

____

____

____

____

49. Legung am _______________

Meine Frage:

____

____

____

____

1	2	3
Gedanken, Gefühle oder Wünsche	Gegenwart, Ist-Zustand	Ratschlag, das jetzt tun (positiv deuten)
4	**X**	**5**
Beim Fragethema im Gepäck, jedoch zu wenig beachten oder man sieht es nicht	Startkarte bzw. das kommt zum Fragethema helfend oder störend hinzu	Nahe Zukunft durch das eigene Handeln
6	**7**	**8**
Beim Fragethema im Gepäck, bringt man mit als Basis, Ereignis oder Einstellung	Nahe Zukunft durch Reaktionen von anderen, das kommt einem von außen entgegen	Ergebnis, das durch das eigene Handeln von Pos. 5 und durch die Reaktionen der anderen auf Pos. 7 als Endergebnis entsteht.

Meine Deutung:

50. Legung am _______________

Meine Frage:

____

____

____

____

1	2	3
Gedanken, Gefühle oder Wünsche	Gegenwart, Ist-Zustand	Ratschlag, das jetzt tun (positiv deuten)
4	**X**	**5**
Beim Fragethema im Gepäck, jedoch zu wenig beachten oder man sieht es nicht	Startkarte bzw. das kommt zum Fragethema helfend oder störend hinzu	Nahe Zukunft durch das eigene Handeln
6	**7**	**8**
Beim Fragethema im Gepäck, bringt man mit als Basis, Ereignis oder Einstellung	Nahe Zukunft durch Reaktionen von anderen, das kommt einem von außen entgegen	Ergebnis, das durch das eigene Handeln von Pos. 5 und durch die Reaktionen der anderen auf Pos. 7 als Endergebnis entsteht.

Meine Deutung:

51. Legung am _______________

Meine Frage:

____

____

____

____

____

1	2	3
Gedanken, Gefühle oder Wünsche	Gegenwart, Ist-Zustand	Ratschlag, das jetzt tun (positiv deuten)
4	**X**	**5**
Beim Fragethema im Gepäck, jedoch zu wenig beachten oder man sieht es nicht	Startkarte bzw. das kommt zum Fragethema helfend oder störend hinzu	Nahe Zukunft durch das eigene Handeln
6	**7**	**8**
Beim Fragethema im Gepäck, bringt man mit als Basis, Ereignis oder Einstellung	Nahe Zukunft durch Reaktionen von anderen, das kommt einem von außen entgegen	Ergebnis, das durch das eigene Handeln von Pos. 5 und durch die Reaktionen der anderen auf Pos. 7 als Endergebnis entsteht.

Meine Deutung:

____

____

____

____

____

____

____

____

____

____

____

52. Legung am ______________

Meine Frage:

____

____

____

____

1	2	3
Gedanken, Gefühle oder Wünsche	Gegenwart, Ist-Zustand	Ratschlag, das jetzt tun (positiv deuten)
4	**X**	**5**
Beim Fragethema im Gepäck, jedoch zu wenig beachten oder man sieht es nicht	Startkarte bzw. das kommt zum Fragethema helfend oder störend hinzu	Nahe Zukunft durch das eigene Handeln
6	**7**	**8**
Beim Fragethema im Gepäck, bringt man mit als Basis, Ereignis oder Einstellung	Nahe Zukunft durch Reaktionen von anderen, das kommt einem von außen entgegen	Ergebnis, das durch das eigene Handeln von Pos. 5 und durch die Reaktionen der anderen auf Pos. 7 als Endergebnis entsteht.

Meine Deutung:

____

____

____

____

____

____

____

____

____

So wird die kleine 9er Legung ausgelegt und gedeutet

Bei diesem Legesystem zieht man,
wie der Name ja schon verrät,
genau 9 Karten.
Das folgende Bild zeigt dir einmal
die Reihenfolge.

Das „X" ziehe ich meist auch verdeckt
und lege es zuerst in die Mitte.

Die anderen 8 Karten folgen dann
beginnend oben links.

1	2	3
4	X	5
6	7	8

Wo habe ich dieses Legesystem entdeckt bzw. wer hat es entwickelt?

Es gibt verschiedene Deutungsmöglichkeiten für eine 9er Legung. Ich möchte dir hier nun die Variante mit dem vertiefenden Deutungssystem vorstellen. Dieses Deutungssystem habe ich selbst entwickelt, ausgiebig getestet und nutze es bereits seit mehreren Jahren, genauso wie viele meiner Kunden, die bereits Lernhilfen bei mir gekauft haben oder es in meinem Unterricht gelernt haben.

Kurz zur Entstehung: Ich lese ein Kartenbild grundsätzlich wie ein Buch. Es handelt sich hier halt um ein Bilderbuch, in welchem ich den Bildern von links nach rechts folge und dann auch von oben nach unten. Das bedeutet, dass die neuen Informationen (also Zukunft) immer rechts und nach unten zu deuten sind. Alles, was ich schon kenne, also Vergangenheit, ist links davon. Dabei ist der Ausgangspunkt immer die fragende Person bzw. hier in der kleinen 9er Legung meine Startkarte X in der Mitte.

Über der Karte X sind die Gedanken, also das, was gerade im Kopf herumgeht, man könnte es auch als Gegenwart bezeichnen, denn es ist momentan, aktuell im Kopf.

Nach unten ist auch das, worauf meine Füße stehen. So kann man hier auch eine Basis erkennen, ein Fundament, auf dem man bauen kann (links unten) und direkt drunter bzw. rechts unten dann das, worauf ich in Zukunft bauen kann.

Deutungstipps bzw. wichtig zu beachten

Die 3 Karten links (Position 1, 4 und 6) bringe ich in mein Fragethema schon mit. Es ist der vergangene Einfluss, meine Einstellungen oder eben das, was ich im Gepäck dabei habe. Ich denke dabei bildlich gern an den Rucksack, den ich mit mir herumschleppe.

- D.h. beim Fragethema habe ich **Position 6** als bewusstes Gepäck dabei. Es ist meine Basis, mein Ausgangspunkt, an dem ich stehe und was ich als Einstellung oder Ereignis mit in meine Frage bringe.

- Auch **Position 4** habe ich als Gepäck in meinem Rucksack dabei. Hier lasse ich es jedoch links liegen (Eselsbrücke zum Merken - Karte liegt genau links von Karte X). Ich habe es also dabei, aber ich schaue in meinen Rucksack nicht so genau rein. Daher kann ich es gar nicht sehen oder verdränge es an die Seite und beachte es nicht. Hier liegt ein wichtiger Hinweis für die Lebensberatung an dich selbst oder deine Kunden, falls du die Beratung auch anderen anbietest.

  ✓ Liegt hier eine negative Karte, dann will man das gern verdrängen oder nicht wahrhaben und dann zeigt dir die Karte eben deine Baustelle an, die es jetzt mehr zu beachten und zu bearbeiten gilt. Hinsehen und sich mehr darum kümmern, heißt hier das Motto.

  ✓ Liegt hier eine positive Karte, dann weißt du das Gute noch nicht zu schätzen oder kannst es nicht sehen. Dann will dich die Karte darauf aufmerksam machen, dass doch schon etwas Positives da ist und du jetzt mehr Aufmerksamkeit drauf lenken kannst, es wertschätzen und dafür dankbar sein kannst.

- **Position 1** bringt man auch ins Fragethema mit. Da diese Karte jedoch auch oben auf der Kopfebene liegt, sind es die Gedanken (manchmal auch Gefühle), mit denen man sich schon beschäftigt. Bei einigen Fragen oder wenn du für jemand anderen legst und dessen Ausgangssituation nicht kennst, dann kannst du diese Position auch für die Wünsche deuten. Das gibt hilfreiche Deutungen, worum es bei der Person geht. Zum Beispiel bei der Arbeit, wenn dort der Ring liegt, dann wünscht sich die Person einen Arbeitsvertrag, d.h. in der Regel, dass die Person keine Arbeit hat oder zumindest keinen Festvertrag und du kannst in diese Richtung weiter deuten. Da es in diesem Notizbuch jedoch um deine eigenen Legungen geht, nimm diese Position für deine Gedanken zum Fragethema, also ob du negativ oder positiv über das Thema denkst, eben was dich im Inneren bewegt.

Die 3 oberen Karten (Position 1, 2 und 3) sind die Kopfebene, also mehr als Gedanken, Gegenwart und Ratschlag zu betrachten. Dass Position 1 für die Gedanken steht, hatten wir ja gerade schon.

- Die **Position 2** liegt genau über der Karte X und stellt daher für mich die Gegenwart dar.

- Die **Position 3** liegt sowohl oben als auch rechts auf der Zukunftsseite, daher nehme ich hier die Deutung, worüber man sich Gedanken machen soll, was man als Nächstes tun soll. Es ist ein Ratschlag für die Gegenwart mit Position 2 und auch wie man seine Zukunft in eine bestimmte Richtung lenken kann und eben zusammen mit der Position 5 als Zukunft durch das eigene Handeln beeinflussen kann.

  ✓ Ratschläge sind übrigens nur helfend, wenn sie positiv sind. Eine negative Aussage wie z.B. bei den Wolken aus dem Lenormand mit Schwierigkeiten, Missverständnisse, unsicher sein usw. das hilft niemandem als Ratschlag weiter. Betrachte die Karte hier einmal mit der Sicht auf positive Aspekte. Was könnte dir die Karte als Ratschlag anzeigen? Bei den Wolken fällt mir da z.B. die Leichtigkeit ein, locker sein, schweben können, Wolke 7 usw. Lass deiner Phantasie freien Lauf.

Die 3 Karten rechts (Position 3, 5 und 8) sind auf der Zukunftsseite, daher treffen diese Ereignisse erst noch ein bzw. kannst du sie auch selbst noch beeinflussen. Die Position 3 dient ja als Ratschlag, den du gut in der Lebensberatung einsetzen kannst. Hier bekommt man hilfreiche Hinweise, was man als Nächstes tun kann.

- Die **Position 5** liegt direkt unter dem Ratschlag und kann zusammen mit diesem umgesetzt werden. Hier hast du selbst Einfluss drauf, kannst dein Handeln bestimmen, den Ratschlag umsetzen und dein Schicksal lenken. Auch gute Hinweise für die Lebensberatung, die ja helfen soll.

  ✓ Liegt hier eine negative Karte, dann wird es vielleicht nicht einfach werden und je nach Karte sind Hindernisse oder Probleme da. Jedoch kann dir der Ratschlag von Position 3 helfen, besser damit umzugehen und z.B. auch Herausforderungen zu meistern. Auch kannst du wiederum den positiven Aspekt der Karte deuten, um leichter deine Zukunft selbst zu beeinflussen.

  ✓ Liegt hier eine positive Karte, dann erwartet dich eine schöne Zeit, die du noch schneller mit Umsetzung vom Ratschlag erreichen kannst oder auch der Beachtung der Karte auf Position 4, die ja auch wertvolle Hinweise für die Lebensberatung bietet.

- Die **Position 8** ist das Endergebnis, welches sich durch die Karten auf Position 5 und 7 ergibt. Einmal beeinflusst du deine Zukunft durch das eigene Handeln ja selbst und einmal hast du noch die Reaktionen der anderen und das was von außen als Zukunft auf dich zukommt. Somit ergibt hier die Endposition auch das Endergebnis, was durch diese 2 Zukunftskarten als Ergebnis herauskommt.

  ✓ Liegt hier eine negative Karte, dann deute diese auch negativ, wenn auf Position 5 oder 7 auch eine negative Karte liegt. Liegen dort jedoch nur gute oder neutrale Karten, so kann das Endergebnis, welches daraus resultiert, ja nicht plötzlich negativ sein. Dann deute bitte auch diese Karte mit ihrer positiven Deutungsseite.

✓ Liegt hier eine positive Karte, dann deute diese auch positiv, wenn auf Position 5 oder 7 auch eine positive oder neutrale Karte liegt. Liegen dort jedoch nur negative Karten, so kann das Endergebnis nicht plötzlich positiv sein, dann musst du die negative Deutungsseite der Karte deuten.

Die 3 unteren Karten (Position 6, 7 und 8) sind die Fuß Ebene, worauf ich schon stehe und bald stehen werde. Als Einfluss der Vergangenheit bzw. was ich als Basis ins Thema mitbringe, habe ich die Position 6 ja bereits erklärt. Auch die Position 8 habe ich schon erklärt. Sie ist ja das Endergebnis, also die Basis, auf der ich in Zukunft stehen werde, wenn es um mein Fragethema geht. Fehlt jetzt noch die Position 7, die ich dir noch erklären möchte.

• Die **Position 7** ist in Anlehnung an mein Bilderbuch, welches ich lese, ja ebenfalls eine Position, die ich erst noch lesen werde, also die für die Zukunft spricht. Vorhin hatte ich dir erklärt, dass ich ein Buch von links nach rechts und von oben nach unten lese. Die neuen Informationen sind also immer rechts und unten, folglich liegt die Zukunft dort. Hier nutze ich die Position für eine Deutung, was von außen auf mich zukommt, ich also selbst keinen Einfluss drauf habe (das war ja bei Position 5). Es ist die Zukunft, die mir entgegenkommt, durch die Reaktionen von anderen aus meinem Umfeld. Bei Fragen zur Partnerschaft kann es z.B. der Partner sein, bei Fragen zur Arbeit, können es die Arbeitskollegen sein oder auch der Chef oder bei Selbstständigen sind es die Kunden. Du kannst hier deuten, ob du mit negativen Karten eher mit Problemen zu rechnen hast, mit Leuten die schwierig sind oder Gegenwind erzeugen oder ob es gute Karten sind und du Unterstützung bekommst oder Freundlichkeit oder halt etwas Schönes dir entgegen kommt.

Meine Reihenfolge, wie ich mir die Karten in der Legung anschaue und nach und nach deute

Ich beginne unten links bei der Kartenposition 6, gehe dann zur 4 und zur 1. Ich deute also erstmal, was die Person oder bei eigenen Legungen, was ich in mein Fragethema mitbringe. Wobei die Position 4 ganz genau angeschaut wird, denn hier habe ich erste Hinweise, wo meine Baustellen sind, welches Thema zwar da ist, aber von mir zu wenig beachtet wird.

Danach schaue ich mir die Gegenwart auf der Position 2 an.

Und dann den Ratschlag auf der Position 3, um zu erfahren, was ich noch tun kann. Position 3 und 4 sind für mich sehr wichtige Positionen, denen ich viel Aufmerksamkeit schenke, weil hier wichtige Informationen für mich und meine Lebensberatung liegen.

Dann gehe ich zur Position 5, die ich immer mit der Position 3 noch mal als Kombi deute.

Und jetzt schwenke ich zur Position 7 schräg runter, weil ich vor dem Endergebnis noch die Zukunft durch die anderen betrachten will.

Erst danach schaue ich mir die Karte auf der Position 8 an und deute diese im Zusammenhang, also in der 3er Kombination mit den Karten auf Position 5 und 7 als Einheit zusammen.

Noch mal ein zusammenfassender Tipp:

- ✓ Die Karten rechts vom Thema sind immer wichtiger als die Karten links vom Thema.
- ✓ Oben ist mehr die Gedanken-Ebene und unten das, was tatsächlich kommt. Also ist unten wiederum wichtiger als oben.
- ✓ Die Karte unten rechts (Position 8) ist also so gesehen die wichtigste Karte in dieser Auslage.

Bei welchen Fragen kann man diese 9er Legung mit der vertiefenden Deutung nutzen?

Im Grunde bei allen Fragen, die du dir zutraust und die du auch beantworten willst. Seien es nun Fragen zur Liebe, zum Beruf, zu den Finanzen, zur Spiritualität oder zu anderen Themen, für die du gerne Ratschläge durch die geistige Welt, von deinem Unterbewusstsein oder Höheren Selbst erhalten willst.

Du bist der Deuter und Übersetzer der Bildersprache, die dir deine Karten zeigen und das Legesystem ist dein Handwerkzeug, welches dir beim Erkennen der Antworten hilft.

Du kannst meine Vorgabe der 8 Positionen um die Karte X auch gern für dich anpassen, wenn du eigene Ideen dazu hast.

Ich empfehle dir jedoch, mindestens einmal die vertiefende Positionsdeutung von mir auszuprobieren und die Hinweise bei jeder Position in deine Antwort mit einfließen zu lassen. Du wirst bestimmt überrascht sein, wie einfach und klar man damit Fragen beantworten kann. Dazu folgen ja gleich auch noch die 2 Beispiele von mir.

Auf der nächsten Seite gebe ich dir meine Grafik der Legung noch einmal in groß.

1	2	3
Gedanken, Gefühle oder Wünsche	Gegenwart, Ist-Zustand	Ratschlag, das jetzt tun (positiv deuten)
4	**X**	**5**
Beim Fragethema im Gepäck, jedoch zu wenig beachten oder man sieht es nicht	Startkarte bzw. das kommt zum Fragethema helfend oder störend hinzu	Nahe Zukunft durch das eigene Handeln
6	**7**	**8**
Beim Fragethema im Gepäck, bringt man mit als Basis, Ereignis oder Einstellung	Nahe Zukunft durch Reaktionen von anderen, das kommt einem von außen entgegen	Ergebnis, das durch das eigene Handeln von Pos. 5 und durch die Reaktionen der anderen auf Pos. 7 als Endergebnis entsteht.

Deutungsbeispiel mit den Lenormandkarten

Legung am 01.07.2019

Meine Frage:

Wie geht es beruflich weiter?

1 Gedanken, Gefühle oder Wünsche *Park*	2 Gegenwart, Ist-Zustand *Sterne*	3 Ratschlag, das jetzt tun (positiv deuten) *Turm*
4 Beim Fragethema im Gepäck, jedoch zu wenig beachten oder man sieht es nicht *Reiter*	X Startkarte bzw. das kommt zum Fragethema helfend oder störend hinzu *Kind*	5 Nahe Zukunft durch das eigene Handeln *Hand*
6 Beim Fragethema im Gepäck, bringt man mit als Basis, Ereignis oder Einstellung *Fuchs*	7 Nahe Zukunft durch Reaktionen von anderen, das kommt einem von außen entgegen *Baum*	8 Ergebnis, das durch das eigene Handeln von Pos. 5 und durch die Reaktionen der anderen auf Pos. 7 als Endergebnis entsteht. *Vögel*

Als Hinweis für dich:

Ich bin selbstständig und habe einen Verlag mit eigenem Onlineshop und auch den Verkauf im Handel durch andere Händler. Zurzeit stelle ich vieles von mir um, bin am Outsourcen. Bald gibt es einen neuen Onlineshop und auch die Auslieferung an Händler soll zukünftig anders ablaufen. Hier plane ich, entweder nur Amazon zu nutzen oder noch einen weiteren Anbieter, der mir mehr Arbeit abnehmen kann. Daher meine Frage, wie wird es weitergehen, welche Pläne sind gut, welche nicht so, worauf muss ich achten …

Position X – Das Kind (Karte 13):

Etwas ist noch in den Kinderschuhen und in einer neuen Entwicklungsphase. Es geht in kleinen Schritten weiter bzw. Neues ergibt sich.

Position 6 – Der Fuchs (Karte 14):

Es läuft noch etwas falsch, daher will ich ja Neues ausprobieren. Ich vertraue auf meine Instinkte und warte noch ab, bevor ich mich für ein Angebot entscheide.

Position 4 – Der Reiter (Karte 1):
Angebote und Chancen sind schon da, ich könnte bereits voll loslegen, aber der Fuchs hält mich noch zurück. Ich soll hier also mehr Beachtung auf die Angebote geben und etwas fürs Vorwärtskommen tun. Die Zügel in die Hand nehmen und da hin reiten, wo ich hin will.

Position 1 – Der Park (Karte 20):
Meine Gedanken sind bei den Kunden und der Öffentlichkeit, wie ich meine Kunden am besten erreichen und meine Produkte verkaufen kann. Welche öffentliche Plattform (wie Amazon, mein Shop und andere Online Buchhandlungen) ich nutzen werde.

Position 2 – Die Sterne (Karte 16):
Nach den Sternen greifen, viel erwarten, viel erreichen wollen. Jetzt die Klarheit bekommen, was ich will. Auch mein Glück jetzt greifbar nah.

Position 3 – Der Turm (Karte 19):
Der Ratschlag ist eine Behörde = Firma. Das kann gut Amazon sein, die ich hier auf jeden Fall nutzen sollte, aber durchaus auch der andere Anbieter, der viele Firmen beliefern kann. Da neben dem Turm die Sterne liegen, die auch als Anzahl „viel" bedeuten, geht es für mich hier eher um die vielen Firmen, die ich nutzen sollte. Auf jeden Fall soll ich für mich über den Tellerrand hinausschauen und Grenzen überschreiten oder auch abgeben können, delegieren, outsourcen. Denn passend liegt sogar schon die Hand darunter auf der Position 5. Turm = Trennung kann hier auch der Ratschlag sein, ich gebe es ab, es dürfen andere für mich verkaufen.

Position 5 – Die Hand (Karte 40):
Die Hand steht für Dinge anpacken, die man anpacken will, aber auch dafür, etwas loszulassen, was man nicht mehr will, in die Verantwortung gehen und auch Bilanz ziehen. Was hat bisher gut funktioniert, wo hat man Erfahrungen usw. Es liegt buchstäblich in meiner Hand, was ich jetzt daraus Neues machen werde.

Position 7 – Der Baum (Karte 5):
Wachstum und eine gesunde Entwicklung kommen mir entgegen. D.h. andere bieten mir Wachstumschancen, dass ich mich weiterentwickeln, meinen Platz und Raum einnehmen und mich weiter ausbreiten kann mit meinen Angeboten und Produkten, viel Halt und Stabilität durch andere und feste Wurzeln (oh, das könnten meine Stammkunden sein, die meine neuen Ideen und Bücher auch kaufen möchten und für Wachstum sorgen). Freu!

Position 8 – Die Vögel (Karte 12):
Hand und Baum ergeben nun die Vögel als Endergebnis. Hier fällt mir sofort die Anzahl 2 ein, sodass ich für mich als Bestätigung sehe, dass ich Amazon und den anderen Anbieter nutzen und den 2 Möglichkeiten die Hand reichen sollte. Das bringt mir den Wachstum oder zumindest eine gesunde = gute Entwicklung in meine neuen Pläne. Weiterhin könnten die Vögel noch für die Kommunikation stehen oder dass eine aufregende Zeit mit neuem Schwung und Ausbreitungspotenzial vor mir liegt. Nochmals freu!

Fazit:
Liegt alles sehr stimmig und die Prognosen der Zukunft gefallen mir sehr. Ich werde also den Ratschlag mit dem Turm und auch den Reiter auf der Position 4 noch mehr beachten und alles umsetzen. Meine Pläne, was ich loslassen will, weiterverfolgen und auch die neuen Möglichkeiten definitiv ausprobieren, damit ich auch das, was ich nicht mehr machen möchte, wirklich loslassen oder zumindest kleiner = weniger machen kann. Kind steht ja auch für kleiner, das passt auch, denn meinen Onlineshop möchte ich schon gern noch selbst betreuen und an meine Kunden die Ware verschicken.

Deutungsbeispiel mit den Tarotkarten

Legung am 03.07.2019

Meine Frage:

Ich interessiere mich für einen Kurs, zwecks Weiterbildung und Optimierung meiner beruflichen Tätigkeiten.

Wird sich die Investition lohnen, also bringt mir der Kurs neue Erkenntnisse, bekomme ich Verbesserungspotenzial für meine Tätigkeiten? Werde ich mit dem Umsetzen von diesem Wissen dann erfolgreicher werden?

1	2	3
Gedanken, Gefühle oder Wünsche	Gegenwart, Ist-Zustand	Ratschlag, das jetzt tun (positiv deuten)
8 Schwerter	*Gerechtigkeit*	*Bube der Münzen*

4	X	5
Beim Fragethema im Gepäck, jedoch zu wenig beachten oder man sieht es nicht	Startkarte bzw. das kommt zum Fragethema helfend oder störend hinzu	Nahe Zukunft durch das eigene Handeln
4 Münzen	*6 Schwerter*	*8 Stäbe*

6	7	8
Beim Fragethema im Gepäck, bringt man mit als Basis, Ereignis oder Einstellung	Nahe Zukunft durch Reaktionen von anderen, das kommt einem von außen entgegen	Ergebnis, das durch das eigene Handeln von Pos. 5 und durch die Reaktionen der anderen auf Pos. 7 als Endergebnis entsteht.
Kraft	*10 Münzen*	*9 Kelche*

Position X – 6 Schwerter:
Aufbruch ins Ungewisse, aber es heißt auch Veränderungspotenzial und zu neuen Ufern kommen. Hilfe / Unterstützung von dem Fährmann (hier bestimmt der Kursleiter) bekommen.

Position 6 – Kraft (große Arkana 8):
Ich bringe viel Kraft, Mut und Energie mit. Meine Aufgaben tue ich mit Lust und Liebe (Leidenschaft) und habe sie bereits gut im Griff.

Position 4 – 4 Münzen:
Ich bringe auch Verlustangst mit und halte an alten Dingen fest. Mein Sicherheitsdenken geht zu Lasten der Beweglichkeit. Ich sollte mir meiner Ängste bewusst werden und nicht aus einem Sicherheitsdenken heraus geizig sein und unbeweglich bleiben und meine Aufmerksamkeit darauf geben, dass ich momentan noch festsitze und an meinen bisherigen Tätigkeiten klammere, weil ich die gewohnt bin und meine Komfortzone zu verlassen, mir noch Angst macht.

Position 1 – 8 Schwerter:
Meine Gedanken sind noch gefangen. Sie schränken mich selbst ein. Meine Gedanken blockieren mich und halten mich noch in der Angst, (zu viel Geld für einen nicht lohnenden Kurs auszugeben) am Ende enttäuscht zu sein.

Position 2 – Gerechtigkeit (große Arkana 11):
Jetzt gut überlegen und entscheiden. Die eigene Verantwortung erkennen und sachlich das Angebot des Kurses beurteilen, also neutral sein und die Angst in den Gedanken mal beiseiteschieben. Mit dieser Karte geht es um ein faires und ausgewogenes Ergebnis.

Position 3 – Bube der Münzen:
Der Ratschlag ist ein Neuanfang oder die Chance auf Unterstützung zu nutzen. Die Münze zeigt auch den Geldfaktor an, daher ist hier auch die gute Gelegenheit, Geld zu verdienen und etwas zu erreichen.

Position 5 – 8 Stäbe:
Ich kann neuen Schwung reinbringen und bringe alles schneller in die Entwicklung. Vieles gelingt mir leichter und Projekte kommen nun schneller in Gang. Ich bekomme Ideen und Impulse von außen und kann mich ungehindert entfalten und alles in Bewegung bringen.

<u>Hinweis:</u> Es ist meine Zukunft durch eigenes Handeln. Jedoch verweisen meine Deutungsstichworte auf den Tarotkarten by Angelina auf Ideen und Impulse von außen. Daher bekomme ich diese und kann sie aber hier nutzen, um schneller voranzukommen und um neuen Schwung reinzubringen.

Position 7 – 10 Münzen:
Durch andere kommt es zu innerem und äußerem Reichtum. Andere bringen mir Sicherheit, gute Projekte und Erfolg entgegen, Wertschätzung und Zufriedenheit.

Position 8 – 9 Kelche:

Die Karten auf Position 5 und 7 sind beide gut, sodass ich hier das Ergebnis ebenfalls positiv deuten kann. Das ist auch einfach, da hier ebenfalls eine positive Karte liegt. Es geht um das Glück, eine gute Zeit und etwas erreicht haben. Freude an der Arbeit, die auch einen Grund zum Feiern gibt, weil man etwas erreicht hat.

Fazit:

Liegt alles sehr gut in den Karten, sodass ich die Investition wohl machen sollte. Lediglich der Start ist noch etwas ungewiss und es geht zu neuen Ufern und Erkenntnissen. Dabei bekomme ich jedoch gute Unterstützung, die mich sehr schnell vorwärtsbringt und es leichter macht. Gut investiertes Geld, das am Ende Ergebnisse bringt. Ich sollte daher meine Angst vor einer Fehlinvestition beiseiteschieben und mich nicht weiter selbst beschränken und die gedanklichen Fesseln lösen und das gute Weiterbildungsangebot nutzen.